MIS PRIMEROS LIBROS DE ANIMALES

LAS IGUANAS

por Natalie Deniston

TABLA DE CONTENIDO

Palabras a saber..................2

Las iguanas....................3

¡Repasemos!..................16

Índice.......................16

PALABRAS A SABER

bebé

cola

escamas

espinas

garras

ojo

LAS IGUANAS

¡Veo una iguana!

Veo un ojo.

escamas

Veo escamas.

Veo espinas.

Veo garras.

Veo una cola.

iguana bebé

¡Veo un bebé!

15

¡REPASEMOS!

Las iguanas son reptiles. Ellas pueden ser de diferentes colores. ¿De qué colores son las siguientes iguanas?

ÍNDICE

bebé 15
cola 13
escamas 7

espinas 9
garras 11
ojo 5